AF321242

BIBLIOTHÈQUE POPULAIRE

DE

FOURMIES

CATALOGUE

FOURMIES

IMPRIMERIE DE REIBLÉ-DAUBERCIES

1879

BIBLIOTHÈQUE POPULAIRE

DE

FOURMIES

COMPOSITION DU COMITÉ DE CETTE SOCIÉTÉ

SAVOIR :

MM. Flament, président honoraire, Taine, président, Berteaux Jules, vice-président, Défontaine, trésorier, Hettler, sécrétaire.
Administrateurs : MM. Legrand Louis, Azambre, Poreaux, Piette, Staincq Alphonse, Legrand E, Bourguin, Laffite, Poulain, Lenoir, A. Danloue, Dubray, Picquart, Jouniaux, Husson et Bouqueniaux.

Le comité sus nommé, informe les lecteurs que diverses mesures d'ordre et de précautions sont imposées au lecteur dans l'intérêt de la conservation des livres. Ainsi ils ne peuvent demander qu'un volume à la fois à moins de motifs particuliers, qu'ils doivent faire connaitre au Bibliothécaire ; ils doivent avoir le plus. grand soin des livres, les couvrir pour ménager la reliure, éviter de les tâcher et d'y tracer aucune espèce de note ni de marque.

Dans le cas où un lecteur resterait un mois sans rapporter le livre qu'il a choisi, son exclusion pourrait-être prononcée pour un an, indépendamment de l'amende infligée. Enfin, les soustractions, destructions, sont visées par le code pénal et punies de la prison.

Le comité espère n'avoir pas à appliquer ces mesures sévères, mais il les fait connaitre dans l'intérêt même du lecteur et de la conservation des ouvrages.

Enfin le comité prie les personnes généreuses, qui ont des livres et ouvrages dont elles ne se servent plus, de vouloir bien en faire abandon à la Bibliothèque, elles feront ainsi une bonne œuvre dans le but de l'instruction des classes populaires.

La Bibliothèque est ouverte au public, tous les dimanches de 9 heures du matin à midi dans l'un des bureaux de l'octroi, où le Bibliothécaire percevra au comptant pour les livres demandés.

SAVOIR :

1re semaine pour la 1re catégorie de volume 0, 10 2e catégorie 0, 05
2e id — id — id 0, 15 — id 0, 10
3e id — id — id 0, 40 — id 0, 20

Numéros d'Ordre	Nombre de Volumes	NOMS DES AUTEURS	DÉSIGNATION DES OUVRAGES
47	1	AMIOT	Géométrie
234	2	ARIOSTE	Roland furieux.
271	1	ALEMBERT	Destruction des jésuites en France
279	1	id.	Discours prélim. de l'Encyclopédie
281	1	ALFIÉRI Victor	De la tyrannie
365	1	AUCOC Léon	Voies de communication
30	3	BLANCHART (E.)	Histoire des Insectes
31	2	BALZAC (de)	Vie privée
32	4	id.	Vie de province
33	4	id.	Vie parisienne
34	1	id.	Vie militaire
35	2	id.	Etudes philosophiques
36	1	id.	Vie parisienne (les enfants pauvres)
39	8	BARANTE (de)	Ducs de Bourgogne
41	3	BUFFON	Matières générales
42	2	id.	Quadrupèdes
43	3	id.	Oiseaux
55	1	BELIN de LAUNAY	Voyages de l'atlantique au pacifique
66	1	id.	Voyages dans le S. O. de l'Afrique
67	1	id.	Voyages autour du monde
68	1	id.	Le lac Albert
69	1	id.	Capitaine Burton
70	1	id.	Récits de chasse
71	1	id.	Voyage au Brésil
72	1	id.	Voyage dans l'Asie centrale
56	1	BORIE	Travaux des champs
60	1	BERNARD Frédéric	Vie d'Oberlin
79	1	BARON Ernouf	Histoire de 3 ouvriers français
80	1	id.	Deux inventeurs célèbres
81	1	BERTHET Elie	Les houilleurs de Polignies
87	1	BLANCHÈRE (H. de la)	Club des toqués
95	1	BAUDRILLART (H.)	Economie politique
358	1	id.	Philippe de Girard
366	1	id.	Habitudes d'intempérance
377	1	id.	Le Salariat et l'association
359	1	id.	Le crédit populaire
99	1	BARRAU (Th. H.)	Méthode de composition
126	1	BOISSONNAS (Mlle B.	Une famille pendant la guerre 70-71
127	1	BIART Lucien	Aventures d'un jeune naturaliste
128	1	BRÉAT (A. de)	Aventures d'un petit parisien

Numéros d'Ordre	Nombre de Volumes	NOMS DES AUTEURS	DÉSIGNATION DES OUVRAGES
141	1	BRACHET (Aug.)	Grammaire française
307	1	BOUFFLERS	Œuvres choisies
329	1	BABIN (Auguste)	Encyclopédie morale
86	1	BARRAU (Th. H.)	Conseils aux ouvriers
146	1	BUCHEZ (P. J. B.)	Les mérovingiens
147	1	id.	Les carlovingiens
149	1	BASTIDE (Jules)	Luttes religieuses des 1ers siècles
150	1	id.	Guerres de la réforme
152	1	BROTHIER (Léon)	Histoire de la terre
168	1	id.	Histoire de la philosophie
177	1	id.	Causeries sur la mécanique
183	1	BLERZY (H.)	Torrents, fleuves etc
188	1	BOILLOT (A)	Entretiens de Fontenelle
196	1	BRUYÈRE (La)	Caractères ou mœurs de ce siècle
208	1	BRILLAT-SAVARIN	Phisiologie du goût
220	1	BOSSUET	Oraisons funèbres
222	1	BEAUMARCHAIS	Le théâtre
235	2	id.	Ses mémoires
257	1	BECCARIA	Traité des délits et peines
262	1	BOILEAU	L'Art poétique
265	1	id.	Satires
291	1	BERNARDIN	Paul et Virginie
319	1	BYRON	Le corsaire
336	1	BLOCK (Maurice)	Economie politique
341	1	BERTHERAND (D.)	Sources thermales et minérales
360	1	BERT (Paul)	La machine humaine
361	1	id.	id
370	1	BERDALLE	Société de secours mutuels
375	1	id.	L'Art d'être heureux
48	1	CHAVANNE (de)	Conquêtes en Asie
61	1	CHARTON (Edouard)	Histoire de 3 pauvres enfants
63	1	CARRAUD (Mlle Zulma)	Veillées de maître Patrigeon
90	1	CUMMINS (Miss)	L'Allumeur de réverbères
92	1	CALEM. de LA FAYETTE	Le Poème des champs
100	1	CHERVILLE (G. de)	La vie à la campagne
101	1	CLAVÉ (J.)	Economie politique
143	1	CRUVEILHIER (Louis)	Elément d'hygiène
144	1	CORBON (A.)	Enseignement professionnel
326	1	CREMER (Le Général)	L'Invasion dans l'est
258	1	CICÉRON	Les catilinaires

Numéros d'Ordre	Nombre de Volumes	NOMS DES AUTEURS	DÉSIGNATION DES OUVRAGES
158	1	CATALAN (Eugène)	Notions d'astronomie
159	1	CHRISTAL Maurice	Les délassements du travail
166	1	COMBES Louis	La Grèce ancienne
170	1	COLLAS (L.)	Empire ottoman
180	1	CARNOT (H.)	Révolution française (1789-1792)
181	1	id.	id id 1792 — 1804
193	1	CORNEILLE (Pierre)	Chefs-d'œuvre
202	1	CONDORCET	Tableau historique de progrès
206	1	COURRIER (Paul-Louis)	Chefs d'œuvre
209	1	CYRANO de BERGERAC	Œuvres comiques
219	1	CERVANTES	Don Quichotte
232	1	id.	id
237	1	COURRIER (Paul-Louis)	Lettres écrites de France et d'Italie
253	1	CÉSAR	Guerre des gaules
285	1	CONDORCET	Vie de Voltaire
295	1	COLLIN D'HARLEVILLE	Le vieux célibataire
298	1	CICÉRON	De la République
305	1	CORNEILLE	Chef-d'œuvre (le menteur)
310	1	CAZOTTE (Jacques)	Le diable amoureux
332	1	CHANZY (Le Général)	Etat actuel de l'Algérie
333	1	id.	id
349	1	id.	Situation sur l'Algérie
350	1	id.	Un mot id
351	1	id.	id
352	1	id.	Impots arabes
354	1	CHARRIER	L'Alfa des h. plateaux de l'Agérie
355	1	CHAILLOT (V.)	Traité des richesses
374	1	COMBEROUSSE (Ch. de)	La coopération
27	1	DENEUVILLE (J. B.)	Trésor des familles
50	1	DAENDLIKER (K.)	Histoire du peuple suisse
54	1	DUVERGIER	La république conservatrice
76	1	DICKENS (Ch.)	Romans anglais
77	1	DAUDET (Alph.)	Le petit chose
78	1	id.	Lettres de mon moulin
84	1	DESEILLIGNY (A. P.)	La moralité et le bien
88	1	DANIEL de Foë	Robinson Crusoé
98	2	DICKENS (Ch.)	Roman anglais
163	1	DESPOIS Eugène	Révolution d'Angleterre
124	1	DESNOYER Louis	Les mésaventures choppart
132	1	DUCOUDRAY (G)	Histoire de France, avant 1789

Numéros d'Ordre	Nombre de Volumes	NOMS DES AUTEURS	DÉSIGNATION DES OUVRAGES
133	1	DUCOUDRAY	Récits d'histoire
140	1	id.	H. de France de 1789 à nos jours
178	1	DONEAU Alfred	Histoire de la marine Française
192	1	DANIEL (de Foë)	Aventures de Robinson Crusoé
195	1	DANTE ALIGHIERIE	L'enfer
207	1	DESMOULINS Camille	Ses œuvres
212	1	DIDEROT	Romans et Contes
238	1	id.	Paradoxe sur le Comédien
246	1	id.	Le neveu de Rameau
294	1	id.	Œuvres philosophiques
304	1	DUCLOS	Consi. sur les mœurs de 1704 à 1792
308	1	DESCARTES René	Discours de la méthode
325	1	DESOUCHES Charles	Etudes élémentaires politiques etc.
356	1	DENFERT (Le Colonel)	Droits politiques des militaires
376	1	DUVAL Jules	Sociétés coopératives de crédit
7	1	ERCKMANN-CHATRIAN	Contes et Romans alsaciens
8	1	id.	» » populaires
9	1	id.	Romans nationaux
10	1	id.	Histoire d'un paysan
176	1	ENFANTIN	La vie éternelle
362	1	EGGER (E.)	Un ménage d'autrefois
373	1	id.	Le papier dans l'antiquité
379	1	id.	Etude d'histoire ancienne
380	1	id.	Histoire de la langue française
62	1	FRANCK (Ad.)	La morale pour tous
365	1	id.	Vraie et fausse égalité
91	1	FERRY Gabriel	Les squatters
214	1	FONTAINE (La)	Ses fables
248	1	FLORIAN	»
287	1	FERRARI (C.)	Prince Machiavel
186	1	FERRIÈRE Emile	Le Darwinisme
293	1	FONTENELLE	Pluralité des mondes
306	1	id.	Dialogue des morts
342	1	FILLIAS (Ach.)	Produits maritimes
344	1	id.	Forêts de l'Algérie
345	1	FÉRAUD (L. Charles)	Algérie-Archéologie et histoire
250	1	FÉNELON	Education des filles
51	1	GOSSE (fils)	Commerce dans les Indes
94	1	Georges SAND	Promenades autour d'un village
96	1	GRIMARD (Ed.	La goutte de sève

Numéros d'Ordre	Nombre de Volumes	NOMS DES AUTEURS	DÉSIGNATION DES OUVRAGES
353	1	GRIFFON du BELLAY	Marie en Algérie
136	1	GOSSELET (J.)	Cours Botanique
137	1	id.	» de géologie
164	1	GASTINEAU Benj.	Génie de la science
190	1	GEIKIE (A.)	Géographie physique
204	1	GOLDSCHMETH	Le ministre de Wakefield
252	1	GOETHE	Faust
297	1	id.	Hermann et Dorothée
283	1	GRESSET (de)	Ver-vert. Le Méchant
328	1	GUARIN de VITRY	Dogme chrétien
340	1	Gouvernement Français	Colonisation de l'Algérie
383	1	id.	Chemin de fer Algérien
384	1	id.	Carte de l'Algérie
385	1	id.	id.
386	1	id.	Carte de la région de l'halfa
1	1	HUGO (V.)	Les misérables
2	1	id.	Théatre illustré
3	1	id.	Notre Dame de Paris
4	1	id.	Les chatiments
6	1	id.	Poésies
125	1	HORTZ Elisa	Méthode de coupe et confection
215	1	HAMILTON	Chevalier de Grammont
231	1	HORACE	Ses poésies
236	1	HOMERI	L'Iliade
40	2	Insp. général (un ancien)	Controleur de l'enregistrement
57	1	JOIGNEAUX (P.)	Les champs et les prés
64	1	JONVEAUX Emile	4 ouvriers anglais
65	1	id.	3 potiers célèbres
89	1	JONCHÈRE Ernest	Clovis Bourbon
138	1	JOIGNEAUX (P.)	La vie des champs
139	1	id.	Petite école d'agriculture
131	1	JOANNE Adolphe	Itinéraire général de la France
134	1	id.	Géographie du Nord
135	1	id.	» de l'Aisne
161	1	JOURDAN (G.)	Justice criminelle en France
292	1	JEUDY-DUGOUR	Histoire d'Olivier Cromwell
25	4	LAMARTINE	Histoire des Girondins
28	3	LACÉPÈDE (comte de)	Poissons cétacés
29	1	LUCAS	Histoire naturelle
116	2	LEGOUVÉ Ernest	Les pères et les enfants

Numéros d'Ordre	Nombre de Volumes	NOMS DES AUTEURS	DÉSIGNATION DES OUVRAGES
130	1	LITTRÉ (E.)	Dictionnaire universel
145	1	LAURENT PICHAT	L'art et les artistes en France
165	1	LENEVEUX (H.)	Le budget du foyer
187	1	id.	Paris municipal
167	1	LOCK Frédéric	Histoire de la restauration
179	1	id.	Jeanne d'Arc
194	1	LESAGE	Le diable boiteux
205	2	id.	Histoire de Gil Blas
217	1	id.	Le bachelier de Salamanque
296	1	id.	Turcaret (Théatre de)
228	1	Le TASSE	La Jérusalem délivrée
245	1	La ROCHEFOUCAULT	Maximes et réflexions
264	1	LAMMENNAIS	Le livre du peuple
316	1	id.	Du passé et de l'avenir
267	1	LETOURNEUR	Joyeuses commères
275	1	LINGUET	Mémoires de la Bastille
302	1	LONGUS	Daphnis et Chloé
315	1	LEFRANC de Pompignan	Voyages amusants
327	1	LERMINA Jules	La question ouvrière
331	1	LEFÈVRE Emile	Ce que sont nos écoles
334	1	LOIZILLON	L'algérie pratique
337	1	LARGEAU	Expédition de Khadamès
364	1	LESSEPS (Ferdinand de)	Percement de l'isthme de Suez
368	1	LEVASSEUR	Rôle de l'intelligence
369	1	id.	L'assurance
382	1	id.	La prévoyance de l'épargne
387	4	LABOULAYE (Ch.)	Dictionnaire des Arts et Manufactures
5	5	MARTIN (H.)	Histoire de France
52	1	id.	Daniel Manin
49	1	MICHIELS (A.)	Gouvernement Autrichien
53	1	MULLER (A.)	La mionette
58	1	MILLET-ROBINET (Mᵉ C.)	Economie domestique
74	1	MEUNIER (Mᵉ H.)	Géographie industrielle
82	1	MAYNE-REID	La piste de guerre
83	1	id.	Le doigt du destin
106	1	id.	La sœur perdue
107	1	id.	Les planteurs de la Jamaïque
108	1	id.	Désert d'eau dans la forêt
109	1	id.	Les chasseurs de girafes
110	1	id.	L'Ile de Bornéo

Numéros d'Ordre	Nombre de Volumes	NOMS DES AUTEURS	DÉSIGNATION DES OUVRAGES
111	1	MAYNE-REID	Les jeunes esclaves
112	1	id.	Les 2 filles du Squatter
113	1	id.	Robinson de terre ferme
114	1	id.	Les jeunes voyageurs
115	1	id.	William le mousse
102	1	MACÉ (Jean)	Arithmétique du grand papa
103	1	id.	Contes du petit château
104	1	id.	Serviteur de l'estomac
105	1	id.	Une bouchée de pain
142	1	MORAND (J.)	Sciences physiques
148	1	MORIN	La France au moyen âge
155	1	id.	Loi civile en France
160	1	MEUNIER Victor	Philosophie zoologique
169	1	MARGOLLÉ (Elie)	Phénomène de la mer
201	1	MARIVAUX	Jeu de l'amour
223	1	MARMONTEL	Les Incas
388	96	MONTESQUIEU	Dictionnaire
230	1	id.	Lettres persanes
270	1	id.	Grandeur des romains
240	1	MOLIÈRE	Théâtre (de)
244	1	id.	id.
251	1	id.	L'étourdi
260	1	id.	Ecole des femmes
278	1	id.	Le tartuffe
284	1	id.	Le malade imaginaire
314	1	id.	Don Juan
323	1	id.	Le médecin malgré lui
324	1	id.	L'avare
255	1	MALHERBE	Poésies
277	1	MAISTRE (de)	Prisonniers du Caucase
313	1	id.	Voyage autour de ma chambre
290	1	MABLY	Entretien de Phocion
317	1	id.	Droits et devoirs du citoyen
339	1	MAC CARTHY (O.)	Beaux arts et parfums
343	1	MARÈS (P.)	Progrès de l'agriculture
372	1	MENU de Saint-Mesmin	L'ouvrier autrefois et aujourd'hui
381	1	id.	Habitations économiques
173	1	NOEL Eugène	Voltaire et Rousseau
348	1	NEVEU-DEROTRIE	Travaux publics de l'Algérie
157	1	OTT (A.)	L'Inde et la Chine

Numéros d'Ordre	Nombre de Volumes	NOMS DES AUTEURS	DÉSIGNATION DES OUVRAGES
174	1	OTT (A.)	Asie occidentale et Egypte
151	1	PELLETAN Eugène	Décadence de la monarchie française
199	1	PASCAL BLAISE	Lettres provinciales
335	1	POULET (Le colonel)	Armée nouvel'e
239	1	POUPIN (Victor)	Satires de Juvénal
266	1	PIRON Alexis	La métromanie
373	1	PLUTARQUE	Vie de César
309	1	PASCAL BLAISE	Ses pensées
318	1	PRÉVOT (l'Abbé)	Manon Lescaut
347	1	POUYANNE	Notice minéralogique
371	1	PERDONNET (A.)	Utilité de l'instruction
93	1	ROBIN Charles	L'instruction et l'éducation
129	1	RECLUS (Elisée)	Histoire d'un ruisseau
162	1	ROLLAND (Charles)	Maison d'Autriche
172	1	RAYMOND (R.)	L'Espagne et le Portugal
175	1	RICHARD (Charles)	Origine et fin des mondes
213	2	RABELAIS	Ses œuvres
221	2	ROUSSEAU (J. J.)	Les confessions
225	2	id.	Emile ou de l'éducation
301	1	id.	Discours de l'inégalité
321	1	id.	Contrat social
227	1	ROLAND (Mme)	Ses mémoires
243	1	RACINE (J.)	Ses chefs-d'œuvre
249	1	id.	id
261	1	id.	id
268	1	id.	Esther — Athalie
378	1	RIANT (A.)	L'Hygiène du foyer
259	1	REGNARD	Voyages
263	1	id.	Théâtre — Le bal
274	1	id.	Le joueur — Les folies amoureuses
282	1	RÉAL (Saint)	Don Carlos
367	1	ROBERT (Charles)	De l'ignorance
44	2	SCHŒDLER (Dr F.)	Livres de la nature
73	1	SCHULZE DELITZSCH	Sociétés coopératives
75	1	SCHWERZ	L'Agriculteur commençant
107	1	STAHL (P. J.)	La morale familière
118	1	id.	Un âne et 2 jeunes filles
119	1	id.	Une famille hollandaise
120	1	id.	La famille Chester
121	1	id.	Le nouveau Robinson Suisse

Numéros d'Ordre	Nombre de Volumes	NOMS DES AUTEURS	DÉSIGNATION DES OUVRAGES
122	1	STAHL (P. J.)	Histoire de mon parrain
123	1	SANDEAUX Jules	La roche aux mouettes
153	1	SANSON André	Les principaux faits de la chimie
184	1	SECCHI, WOLF etc.	Soleil et étoiles fixes etc.
185	1	STANLEY Jevons	Economie politique
197	1	SCARRON	Le roman comique
224	1	id.	Le virgile travesti
200	1	SÉVIGNÉ (Mme de)	Lettres choisies
203	1	SUÉTONE (de)	Histoire des douze Césars
242	1	SHAKESPEARE	Le marchand de Venise
280	1	id.	Le Roiléar
289	1	id.	Roméo et Juliette
311	1	id.	Hamlet
322	1	id.	Othello
269	1	SCHILLER	Guillaume Tell
288	1	id.	Les Brigands
272	1	SALLUSTE	Conjuration de Catilina
300	1	SEDAINE	Philosophe sans le savoir
312	1	STERNE LAWRENCE	Voyage sentimental en France
330	1	SORIN (DE)	Jules Grévy
338	1	SALVE	Instruction publique en Algérie
26	1	TEMPLE (L. du)	Les sciences usuelles
37	9	THIERS	Consulat et l'Empire
38	9	id.	Révolution Française
45	1	TARNIER	Algèbre
46	1	id.	Arithmétique
85	1	TOPFFER Rodolphe	Nouvelles genevoises
97	1	THÉVENIN Evariste	Cours d'économie industrielle
154	1	TURCK	Médecine populaire
216	1	TASSONI	Le seau enlevé
276	1	TAMPUCCI	Maximes d'Epictète
286	1	id.	id.
346	1	TISSOT	Géologie et minéralogie
250	1	TACITE	Mœurs des Germains
11	1	VERNE (Jules	L'Ile mystérieuse
12	1	id.	Hector Servadac
13	1	id.	De la Terre à la Lune
14	1	id.	Enfant du capitaine Grant
15	1	id.	Pays des fourrures
16	1	id.	Michel Strogoff

Numéros d'Ordre	Nombre de Volumes	NOMS DES AUTEURS	DÉSIGNATION DES OUVRAGES
17	1	VERNE JULES	Les Indes noires
18	1	id.	Une ville flottante
19	1	id.	Aventures du capitaine Hatteras
20	1	id.	Tour du monde en 80 jours
21	1	id.	Un capitaine à 15 ans
22	1	id.	5 semaines en ballon
23	1	id.	20,000 lieues sous les mers
24	1	id.	Découverte de la terre
59	1	VILLEROY FELIX	Des bêtes à cornes
198	1	VOLTAIRE	Empire de Russie
211	1	id.	Histoire de Charles XII
229	2	id.	Ses romans
233	2	id.	Siècle de Louis XIV
254	1	id.	Chefs-d'œuvre dramatiques
303	1	id.	Mahomet
210	1	VIRGILE	L'Enéide
299	1	id.	Les bucoliques et les géorgiques
218	1	VOLNEY	Les ruines
226	2	VERMOREL	Mirabeau
247	1	VAUVENARGUES	Œuvres choisies
320	1	VAUBAN	La dime royale
357	1	WORMS	Considérations sur le mariage
241	1	XENOPHON	Retraite des dix mille
156	1	ZABOROWSKI	L'homme préhistorique
191	1	id.	L'origine du langage
171	1	ZURCHER	Phénomène de l'atmosphère
182	1	ZURCHER et MARGOLLE	Télescope et microscope
189	1	ZÉVORT	Histoire de Louis Philippe

Fourmies. — Imp. D. REIBLE